OBJETS D'ART
DE LA CHINE ET DU JAPON

PORCELAINE CHINOISE

Des Époques

MING, KANGHI, YUNGCHING, KIENLONG, etc.

Jades et Pierres dures diverses

Paravent en marbre — Ivoires — Verres

LAQUES ET BOIS SCULPTÉS

Bronzes, Émaux cloisonnés, Émaux Peints

ARMURES

Sabres — Poignards — Gardes de sabre

PEINTURES ET ESTAMPES — ÉCRANS DE TEMPLE

PARAVENT DE LAQUE — MEUBLES

Très belles Tentures Chinoises

DU XVIIIe SIÈCLE

ARBRES NAINS

Dont la Vente aura lieu à l'Hôtel DROUOT, salle n° 10.

Les Lundi 1er et Mardi 2 Décembre 1913, à 2 heures.

M[e] ÉD. FOURNIER	M. ANDRÉ PORTIER
Commissaire-Priseur	Expert près le Tribunal Civil
29, rue de Maubeuge	24, rue Chauchat

Chez lesquels se distribue le présent Catalogue

EXPOSITION PUBLIQUE

Hôtel DROUOT, Salle n° 10, le Dimanche 30 Novembre 1913

De 2 heures à 6 heures.

OBJETS D'ART

DE LA CHINE ET DU JAPON

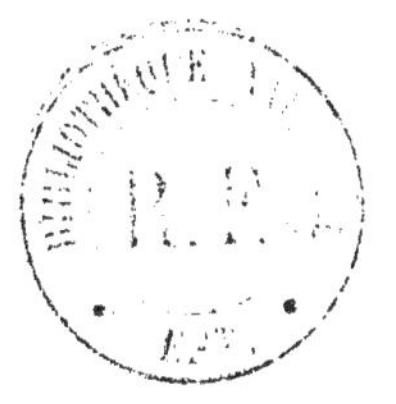

DÉCEMBRE 1913

CONDITIONS DE VENTE

Elle sera faite au comptant.

Les acquéreurs payeront 10 p. 100 en sus des enchères.

L'Expert, dans l'intérêt de la vente, se réserve la faculté de réunir ou de diviser les lots.

L'expert assistera à l'Exposition publique et se tiendra à la disposition de MM. les amateurs qui auraient un renseignement à lui demander ou des ordres d'achat à lui confier.

OBJETS D'ART
DE LA CHINE ET DU JAPON

PORCELAINE CHINOISE

Des Époques

MING, KANGHI, YUNGCHING, KIENLONG, etc.

Jades et Pierres dures diverses

Paravent en marbre — Ivoires — Verres

LAQUES ET BOIS SCULPTÉS

Bronzes, Emaux cloisonnés, Emaux Peints

ARMURES

Sabres — Poignards — Gardes de sabre

PEINTURES ET ESTAMPES — ÉCRAN DE TEMPLE
PARAVENT DE LAQUE — MEUBLES

Très belles Tentures Chinoises

DU XVIIIe SIÈCLE

ARBRES NAINS

Dont la Vente aura lieu à l'Hôtel DROUOT, salle n° 10.

Les Lundi 1er et Mardi 2 Décembre 1913, à 2 heures.

Me ÉD. FOURNIER	M. ANDRÉ PORTIER
Commissaire-Priseur.	Expert près le Tribunal Civil.
29, rue de Maubeuge.	24, rue Chauchat.

Chez lesquels se distribue le présent Catalogue.

EXPOSITION PUBLIQUE

Hôtel DROUOT, Salle n° 10, le Dimanche 30 Novembre 1913

De 2 heures à 6 heures.

PORCELAINE CHINOISE

CÉRAMIQUE

1. — Une paire de potiches, décorées en trois couleurs, de jeunes femmes et d'enfants jouant sur une terrasse fleurie.

Époque *Ming*. Haut. 36 cm.

2. — Une petite potiche, offrant un décor similaire aux précédentes.

Époque *Ming*. Haut. 27 cm.

3. — Une potiche couverte, en émaux trois couleurs, décorée de chimères jouant dans les pivoines.

Époque *Ming*. Haut. 43 cm.

4. — Une autre potiche, couverte, offrant un décor similaire

Époque *Ming*. Haut. 42 cm.

5. — Une potiche couverte, décorée de dragons se poursuivant au milieu des nuages.

Époque *Ming* Haut. 44 cm.

6. — Un très beau vase archaïque de forme ovoïde, en poterie à couverte crème craquelée, décoré de zones superposées en léger relief.

Époque *Ming-Corée*. Haut. 32 cm.

7. — Une jolie potiche, décorée à l'épaulement de lambrequins à motifs fleuris et sur la panse de médaillons de dragons et de fleurs.

Époque *Kienlong*. Haut. 35 cm.

8. — Une paire de potiches couvertes, décorées en réserve, de deux médaillons fleuris, et d'un semis de chrysanthèmes stylisés.

XIXe siècle. Style des *Ming*. Haut. 35 cm.

9. — Très joli pot à gingembre, en porcelaine décorée, en léger relief, sur un fond résillé rouge, d'oiseaux dans les arbres en fleurs. Socle et couvercle bois.

Époque *Ming*. Haut. 28 cm.

10. — Autre pot, de forme similaire, décoré en réserve, sur un fond à motif géométrique rouge, de deux médaillons à personnages.

Époque *Ming*. Haut. 28 cm.

11. — Deux très jolies plaques rectangulaires, formant pendant, en porcelaine blanche, décorées, en émaux de la Famille Verte, de branches fleuries et de papillons.

Époque *Kang-hi*. Dim. 26 × 20.

12. — Une autre plaque, en porcelaine, décorée de plantes aquatiques.

Époque *Kang-hi*.

13. — Plaque, d'un décor similaire à la précédente, et pouvant faire pendant.

Époque *Kang-hi*.

14. — Une autre très jolie plaque, à décor de personnages.

Époque *Kang-hi*.

15. — Deux autres plaques à décor de fleurs et d'oiseaux.

Époque *Kang-hi*.

16. — Deux autres plaques à décor de personnages variés.

Époque *Kang-hi*.

17. — Vase cornet, décoré sur fond céladoné, en émaux bruns manganèse d'une cigogne sur la branche d'un pin.

Époque *Kienlong*. Haut. 35 cm.

18. — Bouteille, de forme élégante, le col légèrement évasé, en porcelaine flambée, bleue.

Époque *Taokuang*. Haut. 36 cm.

19. Vase, de forme balustre, le col flanqué de deux anses tubulures, en porcelaine flambée bleu et aubergine.

Cachet *Kienlong*. Haut. 25 cm.

20. — Vasque, de forme évasée, en porcelaine bleu et blanc, à décor de guerriers. Haut support en bois sculpté.

XVIIIe siècle. Diam. 22 cm.

21. — Vase couvert de forme ovoïde, en porcelaine flambée rouge.

Époque *Taokuang*. Haut. 30 cm.

22. — Vase, de forme arrondie, l'épaulement supportant cinq cols tubulures à couverte poudre de thé.

XIXe siècle. Haut. 30 cm.

23. — Pot de forme arrondie, en poterie à couverte brun craquelé.

Style des *Sung*. Haut. 10 cm.

24. — Coupe de forme basse, à couverte flammée « clair de lune ».

Style des *Sung*. Diam. 15 cm.

25. — Deux cendriers en porcelaine jaune, décorés de fantaisies sur le caractère *cheou*, longévité.

26. — Cinq petites coupes, s'emboîtant, à décor fleuri, dans le style de la famille rose.

27. — Très beau paravent à huit feuilles, formé de plaques de porcelaines à sujets variés, finement exécutés, dans un cadre et sur un socle de bois ulpté.

Époque *Taokuang*. Haut. 1 m. Diam. 1,30 m.

28. — Une paire de très jolis vases cornets, en porcelaine bleu soufflé, décorés en or, de jolis motifs fleuris.

Époque *Kang-hi*. Haut. 45 cm.

29. — Un joli vase, de forme tubulaire, à couverte bleu turquoise.

Époque *Yungching*. Haut. 38 cm.

30. — Grand brûle-parfums en porcelaine bleu foncé, décorée en émaux roses et verts, de motifs fleuris. L'épaulement supporte deux anses en S. Couvercle en bois ajouré, surmonté d'un bouchon de calcédoine.

Époque *Kienlong*. Haut. 50 cm.

31. — Bouteille en porcelaine blanche, à fond gravé de vagues stylisées, sur lesquelles émerge en relief un dragon en émaux corail et rouge.

Époque *Kienlong*. Haut. 40 cm.

32. — Une paire de pots à gingembre, à décor fleuri, en émaux de la famille rose.

Époque *Kienlong*. Haut. 25 cm.

33. — Un pot à gingembre, offrant un décor similaire au précédent.

Époque *Kienlong*. Haut. 20 cm.

34. — Un pot à gingembre en porcelaine bleu et blanc, à décor d'animaux chimériques.

Époque *Kang-hi*. Haut. 20 cm.

35. — Une potiche, de forme basse et arrondie, décorée d'une zone de chevaux galopant dans les nuages.

Signée : *Ming*. Haut. 16 cm.

36. — Un vase cornet, décoré en réserve, sur fond céladon, de chevaux s'ébrouant.

XVIIIe siècle. Haut. 30 cm.

37. — Pot à thé couvert, en poterie à couverte blanche, décoré de stries.

Style des *Sung*. Haut. 15 cm.

38 — Petite pagode en biscuit, contenant intérieurement une statuette de Kwannin. Jolie couverte turquoise et aubergine.

Époque *Kang-hi*. Haut. 28 cm.

39. — Chimère accroupie, à couverte flammée bleu.

Époque *Kienlong*. Haut. 16 cm.

40. — Petite théière, décorée en réserve, sur fond brun, de deux panneaux de paysages.

41. — Deux tasses creuses, en porcelaine blanche, décorées de médaillons fleuris et de dragons.

Signées : *Ming?*

42. — Une très belle potiche, de forme arrondie, en ancienne porcelaine de Chine, époque Ming, décorée postérieurement, en émaux turquoise, aubergine et or, de motifs fleuris.

Époque *Ming*. Haut. 32 cm.

43. — Très beau plat, en ancienne porcelaine de la Chine, décoré d'un semis de chrysanthèmes stylisés.

Époque *Kang-hi*. Diam. 40 cm.

44. — Une paire de vases rouleau, décorés sur fond vert, de motifs fleuris et d'oiseaux Hôo.

Époque *Kienlong*. Haut. 36 cm.

45. — Un vase, de forme rouleau, en porcelaine blanche, décoré en polychromie de nombreux animaux groupés dans les rochers, sous les arbres.

Époque *Kiaking*. Haut. 34 cm.

46. — Une paire de petites chimères, trois couleurs, assises sur une sorte de tambour.

Époque *Kang-hi*. Haut. 13 cm.

47. — Petit vase, de forme balustre, l'épaulement supportant deux anses mascarons. Couverte flambée bleue.

Époque *Kienlong*. Haut. 10 cm.

48. — Petit vase cornet, de forme quadrilatérale, à décor de vases fleuris et d'attributs divers.

Époque *Kiaking*. Haut. 12 cm.

49. — Petit vase, de forme quadrilatérale, l'épaulement supportant deux anses mascarons. Couverte fraise écrasée flambée.

Époque *Kienlong*. Haut. 15 cm.

50. — Jolie boîte à thé, de forme quadrilatérale et lobée, en porcelaine de couverte turquoise, décorée en polychromie de motifs fleuris.

Époque *Kienlong*. Haut. 12 cm.

51. — Vase pitong, de forme hexagonale aplatie, deux faces ajourées, décoré en or sur fond corail de rinceaux fleuris.

Cachet *Kienlong*. Haut. 14 cm.

52. — Joli vase, de forme quadrilatérale, très finement décoré de scènes à personnages et de motifs fleuris.

Cachet *Kienlong*. Haut. 9 cm.

53. — Vase tubulaire, imitant un tronc d'arbre, en porcelaine jaune, décoré en relief d'émaux trois couleurs, d'une chimère jouant avec une sphère près d'un pin, d'un prunier et d'un bambou.

Époque *Kienlong*. Haut. 13 cm.

54. — Petit brûle-parfums, de forme arrondie, flanqué de deux anses détachées, décoré sur fond corail du caractère *cheou*, en or.

Époque *Kienlong*. Diam. 9 cm.

55. — Petite bouteille, en porcelaine verte, à fond gravé, décorée en polychromie de rinceaux fleuris.

Époque *Kienlong*. Haut. 14 cm.

56. — Petite coupe, de forme basse et évasée, à couverte monochrome vert pastel.

Époque *Kienlong*. Diam. 9 cm.

57. — Deux petites bouteilles, à fond granité, l'un turquoise, l'autre vert, décorées en réserve de deux médaillons fleuris.

Époque *Taokuang*. Haut. 11 cm.

58. — Deux petites bouteilles, de forme arrondie, en porcelaine bleu et blanc à décor d'attributs divers.

Époque *Kienlong*. Haut. 9 cm.

59. — Petit lion, accroupi, jouant avec une sphère ajourée. Émaux corail et turquoise.

Époque *Kienlong*. Haut. 6 cm.

60. — Très jolie petite bouteille, décorée sur fond bleu soufflé de rinceaux fleuris stylisés, en or.

Époque *Kienlong*. Haut. 10 cm.

61. — Deux petites bouteilles, de forme arrondie, à couvertes rugueuses, monochromes, l'une vert camélia, l'autre jaune.

Époque *Kienlong*.

62. — Petit vase cornet, de forme quadrilatérale, à décor fleuri.

Époque *Taokuang*. Haut. 10 cm.

63. — Tabatière, à décor polychrome, d'un paysage de rivière.

Époque *Tungche*.

64. — Tabatière, de forme aplatie, représentant Toba, exilé, sur sa mule.

Époque *Taokuang*.

65. — Tabatière, de forme aplatie, décorée en réserve, sur un fond bleu gravé, d'un motif de fleurs et d'oiseaux.

Cachet *Taokuang*.

66. — Tabatière, de forme tubulaire, décorée d'un coq sous des arbustes en fleurs.

Époque *Taokuang*.

67. — Tabatière, joliment décorée sur fond vert, en relief, d'un dragon dans les nuages, rehaussé d'or.

Époque *Taokuang*.

68. — Quatre petites tabatières, formant garniture, décorées en réserve sur fond bleu et blanc, de scènes à personnages.

Époque *Kiaking*.

69. — Tabatière, en forme d'un petit vase à panse surélevée, décorée d'une scène à personnages.

XVIIIe siècle.

70. — Tabatière, de forme tubulaire, en porcelaine noire, décorée en réserve, d'un personnage à cheval suivi de serviteurs.

XVIIIe siècle.

71. — Tabatière, décorée en relief et en polychromie, sur fond jaune, de dragons et d'oiseaux Hôo.

XIXe siècle.

72. — Tabatière, de forme haute, décorée d'animaux zodiaques.

XIXe siècle.

73. — Tabatière, de forme similaire, décorée de coqs et de poules.

XIXe siècle.

74. — Tabatière, de forme quadrilatérale, décorée de scènes à personnages.

XIXe siècle.

74 *bis*. — Deux tabatières, de forme plate et quadrilatérale, à décor de scènes des Pa'hsien.

75. — Tabatière, de forme aplatie, décorée en relief, de dragons et d'oiseaux Hôo.

76. — Autre tabatière, de forme et de décor similaires.

77. — Tabatière, très plate, décorée de motifs fleuris, en réserve sur fond vert.

78. — Tabatière, en blanc de Chine, à décor de dragons.

79. — Tabatière, de forme ovoïde, décorée de deux personnages, en émaux violacés.

80. — Tabatière, très finement décorée en relief, de personnages en barque.

Cachet *Taokuang*.

81. — Deux tabatières, en verre blanc et noir, à décor fleuri.

82. — Deux personnages, en poterie émaillée, représentant un personnage barbu et une jeune femme, tenant à la main des disques ornés de caractères.

Style des *Ming*. Haut. 65 cm.

83. — Deux jolies potiches couvertes, formant paire, décorées sur couverte gris craquelé, de motifs fleuris en émaux bleus. La base, l'épaulement et le couvercle sont en outre décorés de zones guillochées en relief d'émaux bruns.

Porcelaine de *Canton*. Haut. 36 cm.

84. — Potiche, de forme arrondie, décorée en réserve, sur fond brun de personnages et d'animaux. *Perse.*

XIXe siècle. Haut. 33 cm.

85. — Potiche, en porcelaine bleu et blanc, décorée de chrysanthèmes stylisés et de rinceaux fleuris.

XIXe siècle. Haut. 30 cm.

86. — Très belle vasque, supportée par trois petits pieds, gravée sous couverte céladon, de rinceaux fleuris.

XVIIIe siècle. Diam. 30 cm.

87. — Joli vase, de forme ovoïde, en poterie à couverte clair de lune.

Époque Sung. Haut. 18 cm.

88. — Vase cornet, le col lobé, en poterie, à couverte céladonnée.

Époque Sung.

89. — Joli bol, en poterie à couverte bleutée, décoré extérieurement d'une goutte d'émail et intérieurement d'une épaisse coulée bleutée.

Époque *Sung.* Diam. 10 cm.

90. — Joli vase de forme ovoïde, à couverte chamois craquelé, l'épaulement supportant deux anses boucles, le col et le pied décorés d'une zone cloutée.

Époque *Ming.* Haut. 23 cm.

91. — Vase à large panse tubulaire, à couverte blanche.

Époque *Ming.* Haut. 18 cm.

92. — Petite figure de Cheoulao, le dieu de longévité, debout, tenant une pêche, Poterie à couverte noir métallique.

Époque *Yungching.* Haut. 17 cm.

93. — Petit pot, de forme arrondie, en porcelaine bleu et blanc, à décor fleuri.

XVIIIe siècle.

94. — Bol, en porcelaine bleu et blanc, à décor des Pa'hsien.

XVIIe siècle. Diam. 18 cm.

95. — Joli petit bol creux, décoré en polychromie, des emblèmes bouddhiques.

Cachet *Taokuang.*

96. — Quatre cendriers, en ancien blanc de Chine, gravés sous couverte, de rinceaux fleuris.

xviie siècle. Diam. 8 cm.

97. — Six coupes plates, décorées sur fond céladon, de motifs fleuris et d'oiseaux.

Cachet *Taokuang*. Diam. 14 cm.

98. — Six jolies coupes plates, décorées en émaux corail, de dragons dans les nuages.

xviiie siècle. Diam. 15 cm.

99. — Cinq coupes diverses, à décor fleuri.

xviiie et xixe siècles.

100. — Deux coupes plates, décorées en émaux aubergine, de pêches.

xviiie siècle.

101. — Bol en poterie japonaise, à couverte blanche.

Shigaraki.

102. — Grand vase cornet, de forme quadrilatérale, décoré sur les quatre faces de bouquets fleuris joliment disposés.

Style *Kang-hi*. Haut. 50 cm.

103. — Brûle-parfums en grès de Bizen ! imitant une coiffure de cour.

Haut. 14 cm.

104. — Jardinière quadrilatérale en porcelaine bleu et blanc, à décor de rinceaux fleuris.

Diam. 26 cm.

105. — Deux vases, de panse élevée, en porcelaine chamois craquelé, décorés en émaux bleus, de motifs fleuris.

Haut. 20 cm.

106. — Chat, en porcelaine flambée.

107. — Groupe en poterie partiellement émaillée. Yamaouba et Kintoki.

108. — Grand plat en porcelaine japonaise de Kutani, décoré en émaux rouges et noir, d'un ibis, au milieu de plantes aquatiques.

Diam. 37 cm.

109. — Plat en porcelaine d'Imari (Arita) décorée d'un rayonnement à motif fleuris.

Diam. 30 cm.

110. — Trè[illegible] assiette à bord lobé, décoré dans le style Imari, d'un panier fleuri et [illegible] cerisiers en fleurs.

Époque *Kang-hi*. Diam. 30 cm.

111. — Assiette en porcelaine japonaise, décorée d'armoiries et de motifs fleuris.

Diam. 24 cm.

112. — Quatre assiettes de la Compagnie des Indes, à décors variés.

Diam. 23 cm.

113. — Assiette plate, décorée en jaune sur fond bleu, d'un dragon au milieu des nuages poursuivant le joyau sacré.

Cachet *Kienlong*. Diam. 30 cm.

114. — Trois assiettes en porcelaine bleu et blanc, à décor fleuri.

115. — Coupe formée d'une assiette en porcelaine d'Imari (Arita) avec monture de bronze doré.

116. — Cinq assiettes diverses.

117. — Vase rouleau, joliment décoré de nuages polychromes (arlequin).

Cachet *Kienlong*. Haut. 24 cm.

118. — Un bol en porcelaine de la Perse, à décor bleu et blanc.

119. — Un petit vase, de forme arrondie, en porcelaine bleu et blanc, à décor de dragons et de fleurs.

Cachet *Ming*.

120. — Un bol, à décor de paysages.

XIXe siècle.

121. — Grand bol en porcelaine blanche décorée en émaux rouges et verts de motifs fleuris.

Époque *Ming*. Diam. 23 cm.

122. — Petit vase cornet en porcelaine blanc de Chine, l'épaulement supportant deux mascarons à têtes de chimères, réunies par une grecque.

Haut. 20 cm.

123. — Brûle-parfums en porcelaine blanche de Satsuma, le couvercle surmonté d'une chimère accroupie.

Haut. 16 cm.

124. — Brûle-parfums en porcelaine de Satsuma, décoré de motifs fleuris. Couvercle surmonté d'une chimère et deux anses en forme de flammes.

Haut. 16 cm.

125. — Deux jolis vases cornet, en porcelaine de Canton, décorés, au col et à la base d'insectes et de fleurs sur fond d'or : la panse offre des scènes à personnages. Monture en bronze doré.

Haut. 40 cm.

126. — Un plat en porcelaine bleu et blanc, à décor fleuri, le marli dentelé.

Diam. 41 cm.

127. — Autre plat en porcelaine bleu et blanc, à décor fleuri, de forme ovale.

Diam. 43 cm.

128. — Assiette en porcelaine du Japon, à décor de panneaux fleuris.

Diam. 23 cm.

129. — Oreiller en poterie à couverte crème craquelée et flammure verte représentant un enfant accroupi devant un récipient.

Diam. 30 cm.

130. — Grand pot arrondi, en poterie brune, à couverte flammée bleu et rouge.

Haut. 35 cm.

131. — Deux chimères, assises en poterie à émaux verts et jaunes.

Style des *Ming*. Haut. 35 cm.

132. — Une paire de vases, de forme quadrilatérale, en poterie à couverte crème craquelée, décorés de Kuas.

Haut. 25 cm.

133. — Un autre vase, de forme et de décor similaires, de couverte bleu flammée.

Haut. 24 cm.

134. — Une paire de vases de forme balustre, de couverte brune à oxydations argentées.

Haut. 35 cm.

135. — Grand brûle-parfums tripode en faïence à couverte grise, décoré au col, en blanc, d'une zone de grecques.

Diam. 30 cm.

136. — Vasque, de forme arrondie, à couverte flammée noir et blanc.

Diam. 35 cm.

137. — Coupe plate, à couverte flammée vert.

Diam. 18 cm.

138. — Cinq coupes en porcelaine de Kaga, formant garniture.

PIERRES DURES

139. — Joli brûle-parfums, en jade de Han, de forme rectangulaire, supporté par quatre pieds à faces de taotieh. Les faces latérales sont décorées de grecques et de motifs cloutés. Socle et couvercle en bois sculpté.

Diam. 12 cm.

140. — Groupe, en jade blanc verdâtre, sculpté de lotus et de champignons de longévité. Socle en bois sculpté.

Diam. 16 cm.

141. — Très joli porte-bouquets, en jade blanc vert, très finement sculpté et ajouré, en forme d'un citron digité, enfeuillagé. Socle en bois sculpté.

Haut. 20 cm.

142. — Porte-bouquets, en jade verdâtre joliment veiné noir, représentant une touffe de lotus sur laquelle est posé un moineau. Socle en bois sculpté.

Haut. 17 cm.

143. — Vase tubulaire, en jade blanc taché de rouille, sculpté de pins dans la montagne.

Haut. 12 cm.

144. — Petit vase, de forme aplatie, en jade verdâtre veiné brun, décoré au col, en haut-relief détaché, d'une salamandre.

Haut. 11 cm.

145. — Vase, de forme quadrilatérale en jade de Han, à larges taches brunes.

Haut. 10 cm.

146. — Coupe creuse, de forme arrondie, en jade blanc, sculptée d'un motif simulant une juxtaposition de troncs de bambous.

Diam. 8 cm.

147. — Beau vase tubulaire, en jade agatisé, mi-blanc, mi-noir, sculpté d'un décor de pins, de bambous et de pruniers.

Haut. 18 cm.

148. — Très joli vase, en cristal de roche, simulant un citron digité, dit main de Bouddha, sur lequel courent des branches de cerisiers en fleurs.

Haut. 20 cm.

149. — Groupe, en cristal de roche, représentant uu vase de forme aplatie, dont la partie inférieure est formée du corps d'un Fong-hoang, au-dessus des flots.

Haut. 19 cm.

150. — Groupe, en jade blanc veiné noir, représentant deux oiseaux affrontés.

Diam. 9 cm.

151. — Coupe, en jade blanc calciné, formée d'une demi-fleur de lotus.

Diam. 7 cm.

152. — Petite coupe, de forme arrondie, en jade gris veiné, offrant un décor clouté.

Diam. 10 cm.

153. — Très belle coupe, en jade brûlé, le marli supportant en haut-relief, deux anses chauves-souris avec anneaux mobiles : à l'intérieur, un fin médaillon fleuri, stylisé. A l'extérieur, une très jolie sculpture offrant les huit emblèmes bouddhiques.

Très jolie pièce : travail de l'Époque *Kienlong*.

Diam. 29 cm.

154. — Très jolie coupe en jade blanc représentant un fruit enfeuillagé, dont les branche sont finement ajourées.

Diam. 16 cm.

155. — Très beau porte-bouquets en agate bleutée à taches d écaille représentant deux troncs de bambous, accolés, sur lesquels est perché un oiseau.

Haut. 12 cm.

156. — Jolie corne de rhinocéros, à décor de palmettes et de faces de taotieh. L'anse est ajourée d'une suite de salamandres finement ajourées.

Haut. 16 cm.

157. — Autre coupe, en corne de rhinocéros, représentant une fleur aquatique sur laquelle est posée une cigale,

Diam. 15 cm.

158. — Sceptre de mandarin, *Jouy*, en bois sculpté, orné de trois plaquettes de jade blanc, très pur, sculpté de scènes des Pah-Hsien et de leurs serviteurs.

Diam. 50 cm.

159. — Cachet, en pierre de lard, représentant deux chimères jouant.

160. — Ornement, en jade blanc, représentant un oiseau au repos,

Diam. 10 cm.

161. — Bague de pouce, en jade, mi-blanc, mi-noir.

162. — Groupe, en jade de Han, représentant deux animaux accroupis.

Diam. 10 cm.

163. — Jolie coupe, en jade blanc très pur, décorée d'une zone d'ornements géométriques. Le col supporte deux larges anses.

Diam. 15 cm.

164. — Jolie coupe, de forme similaire à la précédente, en jade de Han à décor clouté.

Diam. 12 cm.

165. — Autre coupe, en très beau jade de Han, à décor de rayons et d'arêtes en relief. Le col supporte deux anses à têtes chimériques.

Diam. 14 cm.

166. — Coupe-burette, de forme allongée, en jade verdâtre très pur décoré d'une grecque.

Diam. 17 cm.

167. — Coupe, en forme d'un fruit enfeuillagé, finement ciselé.

Diam. 11 cm.

168. — Coupe-burette, en jade verdâtre très pur, gravée d'une grecque et supportant une anse à tête chimérique.

Diam. 11 cm.

169. — Boîte plate et carrée, en jade de Han, à décor de salamandres et de rinceaux fleuris.

Diam. 8 cm.

170. — Très jolie coupe, en agate jaspée, en forme d'un fruit, une fleur formant anse.

Diam. 11 cm.

171. — Petite coupe, en jade blanc, formant un fruit enfeuillagé.

172. — Un lot de quatre petits pendentifs en jade blanc.

(Sera divisé.)

173. — Paravent, à huit feuilles, en bois sculpté, joliment décoré de plaques de marbre peintes à double face, de personnages, de paysages et d'attributs divers.

XVIIe-XVIIIe siècle. Chaque feuille : Haut 68 cm. Diam. 13 cm.

174. — Deux petites statuettes, en ivoire, représentant deux jeunes femmes, l'une tenant un samisen, l'autre agitant un éventail.

175. — Éventail, à monture os sculpté et polychrome, finement ajourée, peint sur papier d'une terrasse fleurie où s'agitent de nombreux personnages.

176. — Deux netsuke, en ivoire, dont un masque.

177. — Netsuke en ivoire, représentant une femme chinoise, nue.

178. — Peigne, en ivoire ajouré et rehaussé au laque d'or; oiseau sur un arbre en fleurs.

179. — Peigne, en ivoire, décoré au laque d'or, de papillons et d'herbes.

180. — Épingle de chevelure, en ivoire ajouré.

181. — Grand vase, de forme tubulaire, en ivoire natté.

Haut. 45 cm.

181 *bis*. — Manche d'ombrelle en ivoire finement sculpté.

182. — Un lot de netzuke, en ivoire, représentant des animaux.

(Sera divisé.)

183. — Un joli bol, en verre rubis. Époque *Kienlong*.

Diam. 18 cm.

184. — Deux très jolies bouteilles, formant paire, taillées à facettes en verre bleu.

Époque *Kienlong*. Haut. 32 cm.

LAQUES

185. — Jolie étagère, la partie supérieure cintrée, en « toit de pagode » en laque *ro-iro*, décorée au laque d'or de branches d'hydrangea et de l'armoirie des Ikeda.

Japon. Haut. 1 m. 10, Diam 1 m. 20

186. — Chairé en laque noire et laque d'or, offrant un décor de chrysanthèmes stylisés et l'armoirie Kiri.

Haut. 10 cm.

187. — Coffre de chapelle en laque noir, décoré en incrustations de nacre d'un coq et d'une poule au milieu de motifs fleuris.

Haut. 16 cm.

188. — Boîte à thé, formée de deux boîtes conjuguées, en laque *ro-iro*, décorée en laque d'or et d'argent de Hotci accroupi sur son sac.

Diam. 14 cm.

189. — Boîte écritoire en bambou tressé, décoré au laque d'or du poète Hitomaru.

190. — Boîte écritoire rectangulaire en bambou tressé, décorée en laques et applications diverses, de bouquets de fleurs.

191. — Boîte écritoire, de forme rectangulaire, décorée sur fond de laque brun d'un oiseau Hoo dans un arbre en fleurs. Au revers, des lapins

192. — Jolie petite boîte, de forme tubulaire, à trois compartiments, décorée sur un fond *nachiji*, en laque d'or et incrustations de pins, de bambous et de pruniers.

XVIIIe siècle. Collection du Docteur Mene.

193. — Inro à quatre cases en laques *ro-iro* et *taka makiye* offrant un joli paysage maritime, dans le style des Kajikawa

Ojime en corail et netsuke en bois représentant Moso revenant avec des pousses de bambous.

XVIIIe siècle.

194. — Netsuke en bois laqué représentant un personnage, son grand chapeau dans le dos, appuyé sur un bâton.

Netsuke en bois. Petit personnage apportant des gâteaux.

Netsuke en bois. Danseur de Nô.

195. — Très jolie boîte en laque, de forme rectangulaire, décorée en relief de laque d'or et en *togidashi*, d'un couple de canards dont l'un plongeant près des herbes de la rive.

xviiie siècle. Diam. 14 cm.

196. — Tobakobon, cabinet de fumeur, simulant une maisonnette : le corps, en laque *ro-rio* est décoré au laque d'or : de fleurettes variées : le récipient, en forme d'une tortue est, en cuivre.

Japon fin XVIIIe siècle. Diam. 26 cm.

197. — Pendule japonaise en bois sculpté et cadran de cuivre. Jolie pièce très soignée et en bon état.

198. — Peigne en laque d'or décoré en relief d'une haie derrière laquelle apparaissent des grappes chargées de fruits.

199. — Jolie Kogo en laque, incrusté et pavé de nacre, représentant un poisson lune.

xviiie siècle.

200. — Boîte rectangulaire en laques tsuishu et tsuikoku, sculptée de motifs fleuris.

xviiie siècle. Diam. 15 cm.

201. — Plateau, à marli lobée, en laque *ro-iro*, finement incrusté de nacre, représentant Fukuroku-diju.

Diam. 24 cm.

202. — Deux plateaux rectangulaires du Tonkin, en bois naturel incrusté de nacre.

Diam. 24 cm.

203. — Porte-sabres à cinq places, en laque noir, joliment décoré au laque d'or d'oiseaux dans les arbres.

204. — Deux chapeaux de daimyo en laque noir, à décor d'armoiries.

BOIS SCULPTÉS

205. — Très belle figure en bois sculpté, naturel, représentant le Bodhisatwa Kwannon, debout, coiffé de la tiare.

Jolie pièce attribuée à l'époque Tempyo.

Japon. Haut. 70 cm.

206. — Figure de Kwannon, debout, tiare, en bois naturel, à traces de laque et de peinture.

Japon. Haut. 50 cm.

207. — Statuette en bois, à traces de polychromie, représentant un diable debout, armé d'une lance.

Japon. Haut. 30 cm.

208. — Figure en bois sculpté, représentant un oni, musclé, s'étirant, étendu.

Japon. Diam. 25 cm.

209. — Tête d'Amida, l'urna au front, en bois naturel, patiné noir. Socle en bois.

Japon. Haut. 24 cm.

210. — Tête de Kwannon, en bois sculpté à traces de laque blanc.

Japon. Haut. 14 cm.

211. — Très beau masque d'homme, en bois, à traces de laque.

Diam. 24 cm.

212. — Figure en bois sculpté et laqué, la face dorée et patinée brun, représentant une prêtresse accroupie.

Japon. Haut. 14 cm.

213. — Figure en bois naturel sculpté représentant Fukusuke.

Japon. Haut. 18 cm.

214. — Masque bouddhique en bois sculpté, laqué et doré.

Diam. 24 cm.

215. — Autre masque bouddhique, en bois naturel, sculpté.

Diam. 25 cm.

216. — Masque d'oni, en bois sculpté, patiné noir.

Diam. 25 cm.

217. — Deux guerriers en bois naturel, sculpté, armés, l'un d'une lance l'autre d'un bouclier.

Chine. Haut. 55 cm.

218. — Jolie boite, en bois naturel veiné, de forme multilobée, imitant une fleur stylisée.

Japon. Diam. 22 cm.

219. — Assemblage en bois sculpté, représentant en miniature, l'inté-

rieur d'une propriété japonaise, minutieusement détaillée : derrière la porte d'entrée s'élèvent trois petites maisonnettes, exécutées avec finesse.

Japon. Diam. 90 cm. Haut. 40 cm.

BRONZES

220. - Une paire de jolis chandeliers de temple, représentant des cigognes tenant dans le bec une branche formant chandelier : les bases sont formées par deux tortues. Jolie patine brun rouge.

Japon. XVIIIe siècle. Haut. 85 cm.

221. — Deux brûle-parfums tripodes, en bronze naturel, le col supportant deux anses boucles.

Chine : datés *Ming Suente.* Diam. 22 cm.

222. — Figure en cuivre repoussé et laque, représentant le dieu de la Longévité, assis sur une base de rochers tenant à la main, un sceptre. Très jolie patine rouge et or.

Haut. 25 cm.

223. — Seau en cuivre, avec anse mobile ; formant jardinière.

Diam. 30 cm.

223 *bis.* — Seau en cuivre, tripode, formant jardinière.

Diam. 23 cm.

224. — Coupe à sacrifices en bronze, l'épaulement supportant deux anses en S à têtes de grotesques : sur la panse une zone de palmettes.

Chine. Haut. 15 cm.

225. — Groupe en bronze thibétain représentant *Vajrasatva,* le premier des Yidam ou « Protecteurs » debout avec la Cakti, qu'il enserre de ses deux bras, ses mains se croisant, poignet contre poignet.

Cette attitude se nomme en thibétain *Yab Yum* soit « Père Mère ».

Haut. 15 cm.

226. — Très jolie figure en bronze représentant Amida, assis sur le lotus. La divinité, dont les chairs sont laquées brun, est assise, dans la pose du *lalita.*

Jolie pièce très fine. Haut. 50 cm.

227. — Une paire de petites chimères de temple, en bronze doré, assises et jouant avec une sphère, socles en bois sculpté.

Chine. Haut. 22 cm.

228. — Une paire de vases cornet, en bronze martelé d'or, l'épaulement supportant deux anses à faces de taotiets.

Japon. XVIIIe siècle. Haut. 35 cm.

229. — Un couple de cigognes très finement ciselées en bronze, d'une très belle patine brun rougeâtre.

Japon. XVIIIe siècle. Haut. l'une 40 cm. l'autre 30 cm.

230. — Petite figure en bronze représentant Lie tie Kwai, le dieu des mendiants, dansant et maintenant une gourde.

Japon. XVIIIe siècle. Haut. 15 cm.

231. — Trois petits animaux en bronze, formant cachets.

232. — Petite statuette thibétaine, en bronze doré, représentant Ushmisha Vijaya, les deux mains ramenées dans le giron et reposant sur la paume des pieds.

Haut. 18 cm.

233. — Petit bouddha thibétain en bronze doré, incrusté de turquoises, représentant Cyamavama, la Tara par excellence, assise une jambe pendante dans la pose du lalita.

Haut. 11 cm.

234. — Cache-pot trépied, en bronze, ciselé d'oiseaux et de fleurs.

Japon. XIXe siècle. Diam. 30 cm.

235. — Petite bouteille en bronze, la panse arrondie, ciselée de palmes et supportant deux anses à têtes de chimères.

Chine. XVIIe siècle. Haut. 17 cm.

236. — Petit vase cornet en bronze, à arêtées saillantes, et incrusté d'or et d'argent.

Chine. Haut. 8 cm.

237. — Langouste en bronze, finement ciselée.

Diam. 16 cm.

238. — Très grand groupe en bronze, à cire perdue, représentant un brule-parfums, supporté par quatre pieds courbes, de forme tubulaire, ciselé en très haut relief de dragons se poursuivant dans les vagues écumantes. Le couvercle d'une très grande finesse de décor représente un

dragon sur le dos duquel est juché le dieu du vent, tenant d'une main, un pinceau ? de l'autre une boîte rectangulaire d'où s'échappent des manuscrits. L'ensemble repose sur un socle d'aspect rocailleux sur lequel une chimère et son petit jouent au milieu des pivoines. Très belle patine rougeâtre.

Cachet : *Nippon Toto ju Seifusai Iru.*

Seifusai, habitant la ville de Tokyo. Haut. 1 m. 25.

CLOISONNÉS

239. — Une paire de très jolies bouteilles en émail cloisonné chinois, décorées en polychromie, sur fond turquoise, de dragons dans les nuages et de zones fleuries. Socles en bois sculpté.

Chine. XIXe siècle. Haut. 32 cm.

240. — Une paire de très jolies aiguières en émail cloisonné chinois, décorées sur fond noir de dragons, en émaux jaunes, poursuivant le joyau Tama. Les anses sont formées de dragons cloisonnés en haut relief. Socles.

Chine. XIXe siècle. Haut. 30 cm.

241. — Jolie bouteille, piriforme, le col très allongé, décorée sur fond bleu de motifs fleuris et de palmettes, en émaux polychromes. Socle.

Chine. XIXe siècle. Haut. 30 cm.

242. — Coupe creuse, décorée sur fond noir, de dragons en émaux jaunes, dans le même style que le n°.

Chine. XIXe siècle. Diam. 20 cm.

243. — Jardinière, de forme rectangulaire, en cuivre gravé de rinceaux fleuris et garnie sur les quatre faces de plaquettes cloisonnées à décor de rinceaux fleuris stylisés, sur fond turquoise.

Epoque *Kienlong.* Diam. 25 cm.

244. — Deux petites bouteilles, piriformes, formant paire, décorées sur fond blanc de dragons et de palmettes.

Chine. XIXe siècle. Haut. 15 cm.

245. — Une autre bouteille similaire.

Chine. XIXe siècle. Haut. 15 cm.

246. — Bonbonnière, ronde, décorée sur fond turquoise, du médaillon du bonheur et de rinceaux fleuris.

Chine. XIXe siècle. Diam. 11 cm.

247. — Bonbonnière similaire, à décor de dragons.

Chine. XIXe siècle. Diam. 11 cm.

248. — Six bols, en émail cloisonné, décorés sur fond noir de fleurettes polychromes.

Chine. XIXe siècle. Diam. 11 cm.

249. — Une collection de boucles de ceintures en émail cloisonné chinois, très finement décorées.

XVIIIe-XIXe siècles.

250. — Très joli vase en ancien émail cloisonné chinois, décoré sur fond turquoise de fleurettes stylisées en émaux polychromés.

XVIIIe siècle. Haut. 48 cm.

251. — Très jolie bouteille, en émaux peints de Canton, de forme aplatie, décorée très finement de deux scènes à personnages et de rinceaux fleuris.

Epoque *Kienlong*. Haut. 18 cm.

252. — Quatre très jolies plaques cintrées, formant garnitures, en émaux peints de Canton, offrant des scènes variées à personnages hollandais.

Epoque *Kienlong*. Haut. 17 cm. Diam. 22 cm.

253. — Petit écran, forme d'une plaquette en émail peint de Canton, offrant trois personnages hollandais autour d'un aquarium.

Haut. 7 cm.

ARMURES ET ARMES

254. — Armure complète, sur son support, casque et masque en fer. Cuirasse en fer laqué, décoré de passementerie. Jambières en laque et passementerie.

255. — Armure complète et sa boîte ; cuirasse en fer incrusté d'or et d'argent, représentant *Fudo*, *Kongara* et *Seitaka*. Garniture en laque et passementerie.

Fin XVIIe siècle.

256. — Armure complète et sa boîte ; cuirasse en fer incrusté d'or et d'argent, représentant un personnage debout sur un dragon. Garniture en laque et passementerie.

Fin XVIIe siècle.

257. — Cuirasse, et différentes parties d'une armure, en métal laqué et passementerie, portant les armoiries de la famille.

258. — Casque en fer, formé de 7 lamelles mobiles, permettant au casque de se fermer.

259. — Très beau sabre de cérémonie, en bois verni, inscrusté d'insectes en nacre et en ivoire. Garniture, en fer damasquiné d'argent, offrant des armoiries. Garde, en shakudo, à surface granitée, incrustée de feuilles. Jolie lame, à double gorge.

Lame signée : *Saushu noju Miyamoto Hakkishi Yoshitaka.*

Inscription : *C'est forgé pour souhaiter à votre destin militaire de durer longtemps.*

XVIe siècle.

260. — Kowakyashi, à fourreau de laque noir et garniture complète en sentoku. Lame légèrement courbée de forme Unokubi. Yakiba suguha à irrégularités.

XVIIe siècle.

261. — Tanto, à fourreau de laque rouge imitant le cuir, garniture en fer incrusté d'or à motif de feuilles d'érable. Lame droite Hiratsukuri. Yakiba notare.

XVIe siècle.

262. — Katana, à fourreau de laque noir. Garde en fer de l'École des Soten. Belle lame, en bon état, à yakiba suguha, irrégulier.

Lame signée : *Bizen Osafune Sukesada Eiroku, 6e année 1564.*

263. — Deux sabres, formant paire, à fourreau burgauté. Très belles lames, à yakiba suguha irrégulier.

Signées : *Kanenaga, Yasukuni.*

GARDES DE SABRE

264. — Garde, en fer, simulant un fruit.
Signée *Tadahide.*

265. — Garde, en fer, de forme carrée, à bords surélevés.
XVe siècle.

266. — Garde, en fer, les quatre coins rentrant, ajourée de deux vases.
XVe siècle.

267. — Garde, en fer, ronde, ajourée de fleurs.

268. — Garde, en fer, ronde, ajourée d'étriers.

269. — Garde, en fer, ronde, ajourée de deux fleurs.
Signée : *Kinai, Echizen.*

270. — Garde, en fer, ronde, marubori zogan : les cent chevaux.

271. — Garde, en fer, incrustée de personnages en relief.
Signée *Soten.*

272. Garde, en fer, incrustée et émaillée de fruits de gourde hyoyan.
Collection Ed. Mene.

273. — Garde, en sentoku, décorée d'un dragon.
Signée *Kunishige, Hirado.*

274. — Garde, en fer, ronde, ciselées de fleurs.

275. — Garde, en fer, repercée d'un nuage et de deux trous, sur fond mokume.
Signée *Sadanari.*

276. — Garde, en fer, carrée, les coins arrondis, ciselée d'un tigre pris d'une cascade. Incrustations d'or.
Signée *Toshiharu Kakusai.*

277. —Garde, en fer, ronde, marubori zogan, décorée d'un guerrier.

278. — Garde, en shakudo, décorée de la barque des dieux du Bonheur.

279. — Garde en fer incrustée d'un paysage.
XVIIe siècle.

280. — Garde en fer, décorée d'un dragon.

Signée : *Kinai*.

281. — Garde en fer, décorée d'un paysage animé de petits personnages.

Signée : *Tomomitsu*.

282. — Garde en fer, incrustée de shakudo et d'or, décorée de Hotei, passant la rivière, appuyé sur son bâton, son sac sur la tête.

XVIIIe siècle.

283. — Garde en fer décorée d'un dragon enroulé sur lui-même.

Signée : *Kinai*, XVIIIe siècle.

284. — Garde en fer incrusté, décorée du tronc d'un pin au soleil couchant.

Signée : *Masayuki*.

285. — Garde en bronze jaune, ornée de feuilles de bambous.

XVIIIe siècle.

286. — Garde en fer, décorée de deux corbeaux.

287. — Garde en fer, montrant un aigle guettant un singe tapi dans un trou de rocher.

288. — Garde en fer, découpé d'un dragon.

Signé : *Kinai*.

289. — Garde en fer, ciselée d'une caille dans les herbes.

290. — Garde en fer, quadrilobée, à décor de feuillage.

291. — Garde en Shibuichi, finement ciselée, d'un personnage à cheval passant un pont.

292. Une collection de cent deux gardes diverses.

Seront divisées.

DIVERS

293. — Une paire de chaussures chinoises, pour femme.

294. — Deux très belles ceintures en cuir, incrustées de cabochons.

295. — Boite ronde en cuir laqué.

ESTAMPES ET KAKÉMONO

296. — Estampe en largeur, yakoye à tons roses et verts; représentant de nombreuses scènes, dont des gens se baignant.
Tirage ancien, par *Kiyonobu*.

297. — Estampe en hauteur. Deux corbeaux sur un arbre.
Tirage postérieur, par *Kyosai*.

298. — Quatre estampes diverses, représentant des apparitions.
Par *Kuniyoshi*, etc.

299. — Format grand hosoye. Paon sur un arbre en fleurs.
Par *Hiroshige*.

300. — Format yakoye. Paysages de neige (deux planches).
Par *Hiroshige*.

301. — Format yakoye. Paysages variés (trois planches).
Par *Hiroshige*.

302. — Format yakoye. Princesse dans son char.
Par *Shunsho*.

303. — Format yakoye. Paysage, vue de Yedo.
Par *Hiroshige*.

304. — Format hosoye. Radeau.
Par *Hiroshige*.

305. — Format yakoye. Deux jeunes femmes sur leurs terrasses (2 planches).

Par *Harunobu.*

306. — Format yakoye. Oiseau sur un arbre en fleurs.

Par *Keisai.*

307. — Format chuban. Jeune femme soignant ses arbres nains.

Par *Harunobu.*

308. — Formats divers. Dix très jolies reproductions en couleurs, de peintures anciennes. (Stumbi shoin).

Seront divisées.

309. — Format hauteur. Shoki. Estampe en blanc et noir.

310. — Format yakoye. Scène de la vie de Nitchiren (prêtre).

311. — Format haut. Diptyque. Très jolie scène d'acteurs.

Par *Toyokuni I.*

312. — Format petit. Deux planches : Scène de chaya. Jeune femme lavant le crâne de Fukurokudjiu.

Par *Toyohiro.*

313. — Joli surimono, représentant des jeunes femmes.

Par *Sori.*

314. — Huit estampes diverses représentant paysages et personnages

Par *Koriusai, Hakusai* etc.

315. — Grand format largeur. Scène de chushingura.

Par *Kiyonobu.*

316. — Peinture chinoise, à décor de personnages.

317. — Jolie peinture encadrée représentant une Apsara.

318. — Peinture encadrée, représentant un oiseau sur une branche fleurie.

Par *Hoitsu.*

319. — Jolie peinture d'une grande finesse, représentant le Kwannin, au bord des flots.

320. — Petit format. Deux garçonnets jouant autour d'un puits.

Par *Koriusai.*

321. — Jeunes filles se promenant au bord de l'eau.

322. — Format yakoye. Le couple Jo et Uba, sur la grève à Takasago.

323. — Format hauteur. Fabricant de pâtes.

324. — Format hauteur. Très jolie scène de chaya.
Attribuée à *Kyonaga*.

325. — Kakemono. Femme chinoise.

326. — — Chevaux.

327. — — Hérons.

328. — — Scène de guerrier à cheval.

329. — Cinq kakemono représentant des peintures chinoises du XVIIIe siècle.

330. — Un livre sur papier de riz.

MEUBLES

331. — Grand écran de temple en soie peinte offrant une figure de Kwannin, assis sur le lotus, entouré de nombreux disciples. Très beau cadre en bois sculpté, ajouré et polychromé à décor de motifs fleuris stylisés.

XVIe et XVIIe siècle. Haut. 1 m. 60. Diam. 1 m. 80.

332. — Très beau paravent à deux feuilles, en laque noir, richement décorée en incrustations de nacre, d'ivoire et d'os, d'un combat de coqs. Grand cadre en bois noir sculpté et ajouré.

Haut. 1 m. 90.

333. — Très belle table en bois à patine claire, très finement incrustée d'ivoire, offrant de nombreuses scènes à personnages et des médaillons fleuris gracieusement disposés. Pied sculpté.

Diam. 1 m. 20.

ÉTOFFES

334. — Très belle tenture rouge chaudron décoré en broderie polychrome de scènes à nombreux personnages dans un jardin fleuri.

La tenture est surmontée d'un bandeau brodé en polychromie sur fond vert, d'oiseaux Hôo et de fleurs.

Milieu du XVIIIe siècle. Haut. 3 m. 50 ; Larg. 4 m. 50.

335. — Jolie tenture rouge chaudron dont le panneau central est décoré d'un long poème écrit en lettres d'or.

La bordure supérieure présente une impératrice, assise dans un jardin fleuri, entouré de nombreuses jeunes femmes lui apportant des mets variés ou faisant de la musique.

Cette bordure est séparée du panneau central par une bande offrant trois signes du bonheur disposés en médaillons et entourés de chauve-souris.

Les bordures latérales offrent à nouveau de nombreuses jeunes femmes les unes portant des fleurs, les autres caressant des biches ou des daims.

A la partie inférieure de la tenture, un vol de cigognes posées sur les rochers, sous les pins, au bord des flots.

Époque Kienlong, 1730 environ.

Haut. 4 m. 80 ; Larg. 2 m. 80.

336. — Autre tenture rouge chaudron offrant comme la précédente un poème entouré de bordures représentant Fukurokujiu, tenant la pêche de longévité debout dans un jardin fleuri, entouré de hauts personnages et d'enfants.

Sur les bordures latérales, les autres dieux du Bonheur, Lie Tie Kwai et des serviteurs.

A la partie inférieure des oiseaux, des fleurs et des rochers.

Époque Kienlong, XVIIIe siècle.

Haut. 4 m. ; Larg. 2 m. 80.

337. — Deux bandeaux brodés en or sur fond bleu de deux dragons impériaux affrontés, séparés par le joyau sacré ; les flots sont rendus en broderie blanche et les nuages en camaieu bleu.

Époque Kienlong, XVIIIe siècle.

Haut. 3 m. 70 ; Larg. 0 m. 65.

338. — Un panneau, de fond rouge chaudron, de décor similaire à la tenture n° 337.

Encadrement de peluche rouge.

Époque Kienlong, XVIIIe siècle.

Haut. 2 m. 70 ; Larg. 1 m. 85.

339. — Autre panneau de couleur et de décor similaires surmonté d'un bandeau vert brodé de fleurs et de personnages.

Époque Kienlong XVIIIe siècle.

Haut. 2 m. 60 ; Larg. 1 m. 15.

340. — Très beau panneau, en soie bleu foncé, décoré d'une grecque en camaïeu plus clair sur laquelle se détachent en broderie d'or, deux dragons affrontés devant le joyau sacré.

Bordure de fleurettes et de caractères du bonheur en légère broderie d'or.

Époque Kienlong, XVIIIe siècle.

Haut. 2 m. 20 ; Larg. 3 m. 10.

ARBRES NAINS

341. — Une très jolie collection d'arbres nains, thuyas, de dimensions et de formes variées.

Sera divisée.

(*Ces arbres seront vendus pendant la première vacation à 4 heures précises.*)

342. — Numéros omis.

ÉVREUX, IMPRIMERIE CH. HÉRISSEY, PAUL HÉRISSEY, SUCC^r

www.ingramcontent.com/pod-product-compliance
Ingram Content Group UK Ltd.
Pitfield, Milton Keynes, MK11 3LW, UK
UKHW022009260726
13994UKWH00004B/1994

9 782329 512648